Le jardin

Titre original de l'ouvrage : « El jardín»
© Parramón Ediciones, S.A.
© Bordas. Paris. 1991 pour la traduction française
I.S.B.N. 2-04-019324-3
Dépôt légal : Avril 1991

Traduction : C. Diaz-Bosetti (agrégée d'espagnol)
Adaptation : S. Goulfier (psychologue scolaire)

Imprimé en Espagne par
EMSA, Diputación, 116
08015 Barcelona, en mars 1991
Dépôt légal : B. 1.937-91
Numéro d'Éditeur : 785

la bibliothèque des tout-petits

I. Sanchez / C. Peris

Le jardin

Bordas *Jeunesse*

C'est très amusant d'aider ses parents à entretenir le jardin.

Sophie arrache les mauvaises herbes,
enlève les fleurs fanées
et moi je transporte les pierres.
C'est lourd!

Il y a des nouvelles graines
et de la bonne terre.
Les outils sont prêts.
–Allons faire des plantations!

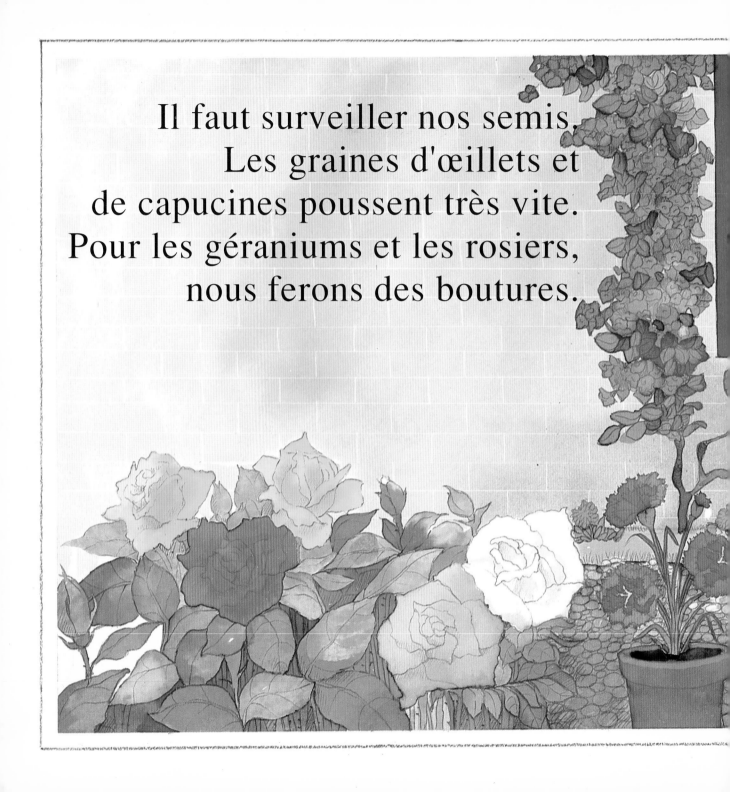

Il faut surveiller nos semis,
Les graines d'œillets et
de capucines poussent très vite.
Pour les géraniums et les rosiers,
nous ferons des boutures.

Les bulbes de narcisses et de tulipes donnent des fleurs magnifiques.

Au printemps,
le jardin est tout fleuri.
C'est aussi la saison des plantations
pour les fleurs plus tardives.

En été, j'arrose presque tous les jours.
Sophie transplante des fleurs,
elles pousseront en pleine terre.

En automne,
il faut tailler les plantes,
ramasser les feuilles mortes
et mettre en terre les bulbes
qui fleuriront au printemps.

En hiver,
les plantes se reposent.
Mais pas nous!
Nous devons encore arracher
les mauvaises herbes et ratisser la terre.

Aujourd'hui, nous achetons
des plantes d'intérieur.
La fleuriste nous conseille:
– Certaines aiment l'ombre,
d'autres la lumière, mais aucune
ne supporte les courants d'air.

Avec une éponge,
Sophie nettoie les feuilles.
Elle coupe celles
qui sont fanées.
Je vaporise de l'eau
sur les plantes.
–Attention, dit Papa,
tu me mouilles!

–Tu vois, Sophie, pour faire
une bouture c'est tout simple:
il faut couper la tige et replanter
cette pousse dans un autre pot.

Nous avons ainsi
de nombreuses plantes.
Quelle joie de pouvoir les offrir
à nos amis!

LE JARDIN

Le jardin

Étymologiquement un jardin est un enclos, un endroit réservé par l'homme où la nature (les plantes, les eaux, les animaux) est disposée pour son plaisir.

Le premier jardin est probablement né en Mésopotamie plus de trois mille ans avant notre ère.

À ses origines, il était inséparable du sacré, c'était «l'enclos des fêtes» au sein duquel une nature merveilleusement féconde et belle avait été créée grâce au travail des hommes et à la bénédiction des dieux.

Ainsi, les Jardins de Babylone au temps de la reine Sémiramis (IXe siècle av J.-C.) ont un rapport évident avec le culte de la déesse Ishtar, Vénus babylonienne, divinité de l'amour et de la vie.

Le jardin est une création de l'homme, qui tient compte bien sûr des lois de la nature et tente parfois d'en discipliner les forces.

À toutes les époques et dans toutes les civilisations, la création et l'aménagement des jardins témoigne du niveau culturel des peuples.

Babylone inaugure l'art des jardins en terrasses appelés «jardins suspendus».

En Égypte, le jardin, considéré comme un «don du Nil» s'étale dans sa plaine. L'Empire Romain unit ces deux tendances pour composer des jardins et des parcs entourant les maisons d'habitation, les intégrant ainsi dans la vie quotidienne. Les jardins d'Orient offraient une magnificence sans pareille, avec leurs bassins, leurs jets d'eau et leurs automates notamment à Byzance. Les jardins du Moyen Âge sont à la fois utilitaires et espaces de rêve, avec la culture des plantes médicinales, des légumes et des arbres fruitiers. C'est la Renaissance en Europe qui va transformer l'art des jardins: lignes géométriques des plantations, statues et bassins, ce sont les «jardins classiques». Le Nôtre s'y illustre à Versailles, jardins dits «à la française».

Les jardins chinois et japonais séduisent par leur raffinement: ils reproduisent une nature idyllique en miniature.

Le jardin, espace culturel et éducatif

Le jardin familial, celui de l'école ou à défaut, les pots de fleurs du balcon ou les plantes d'intérieur permettent une action éducative très importante auprès des enfants.

En effet, ils donnent bien sûr l'occasion d'éveiller leur intérêt pour les plantes, de leur enseigner les secrets du jardinage, mais surtout de les sensibiliser à la beauté du monde végétal et de leur faire aimer et respecter la nature.

Il n'est pas question bien sûr de confier à un enfant la charge de l'entretien d'un jardin tout entier, il en serait physiquement incapable et se découragerait. En revanche, il est tout à fait souhaitable de lui proposer de collaborer aux travaux de jardinage et, si c'est possible de lui attribuer une petite parcelle de terrain.

Ainsi, au rythme des saisons, il va découvrir que certains travaux se répètent cycliquement et coïncident avec des étapes concrètes de la vie des plantes.

Il pourra observer qu'on ne produit pas toutes les plantes de la même façon: il faudra pour certaines semer des graines, pour d'autres planter un bulbe ou encore réaliser une bouture.

Le fait de rempoter une plante dans un pot plus grand ou de la transplanter dans le jardin permet à l'enfant d'observer les racines de celle-ci, de constater qu'il est nécessaire qu'elle dispose de plus de terre pour s'épanouir. L'enfant prend ainsi conscience de l'importance de la terre et des racines dans la vie de la plante.

Arroser est probablement l'activité préférée du petit jardinier. Tout en jouant, il comprend le rôle de l'eau dans la vie des plantes et la nécessité de la préserver à l'échelle planétaire.

Peu à peu, par ses différentes expériences, l'enfant développe son sens de la responsabilité, il se rend compte que les plantes ne vivent que si on les soigne; le fait de les avoir plantées l'engage à ne pas les abandonner.

BIBLIOTHÈQUE DES TOUT-PETITS

de 3 à 5 ans

Conçue pour les enfants de 3 à 5 ans, la *Bibliothèque des tout-petits* leur permet de maîtriser des notions fondamentales mais un peu abstraites pour eux : la perception sensorielle, les éléments, le rythme des saisons, les milieux de vie...
Ses diverses séries, constituées en général de 4 titres pouvant chaucun être lu de manière autonome, en font une mini encyclopédie dont la qualité graphique, la précision et la fraîcheur de l'illustration sollicitent la sensibilité, l'imagination et l'intelligence du tout-petit.

LES QUATRE MOMENTS DU JOUR

Le matin
L'après-midi
Le soir
La nuit

LES QUATRE SAISONS

Le printemps
L'été
L'automne
L'hiver

LES QUATRE ÉLÉMENTS

La terre
L'air
L'eau
Le feu

LES ÂGES DE LA VIE

Les enfants
Les jeunes
Les parents
Les grands-parents

LES CINQ SENS

L'ouïe
Le toucher
Le goût
L'odorat
La vue

JE DÉCOUVRE

Je découvre le zoo
Je découvre l'aquarium
Je découvre les oiseaux
Je découvre la ferme

JE VOYAGE

En bateau
En train
En avion
En voiture

UN JOUR À

La mer
La montagne
La campagne
La ville

RACONTE-MOI...

Le petit arbre
Le petit lapin
Le petit oiseau
Le petit poisson

MON UNIVERS

Voilà ma maison
Voilà ma rue
Voilà mon école
Voilà mon jardin

À L'ÉCOLE

Vive mon école !
Vive la classe !
Vive la récréation !
Vive les sorties !

JOYEUSES FÊTES !

Joyeuses Pâques !
Joyeux carnaval !
Joyeux anniversaire!
Joyeux Noël !

MES GESTES QUOTIDIENS

Quand je me lave
Quand je m'habille
Quand je mange
Quand je me soigne

MES ANIMAUX FAMILIERS

Mon chat
Mon chien
Mon hamster
Mon oiseau

LA NATURE

La forêt
Le verger
Le jardin
Le potager

Pour éclater de lire